I0606050

QUIERO SABER SOBRE

DINOSAURIOS

¿CÓMO sabemos que los dinosaurios existieron?

¿CUÁNDO habitaron la Tierra los dinosaurios?

¿POR QUÉ desaparecieron los dinosaurios?

Escrito por Jay Johnson
Ilustrado por Greg Harris
Traducción: Ana Izquierdo/Arlette de Alba

Photography © Shutterstock 2023 barberry; YuRi Photolife; JIANG HONGYAN; Vadim Sadovski; kamomeen; jaroslava V; Nerthuz; PVLGT; New Africa; Super Prin

Published by Sequoia Kids Media,
an imprint of Sequoia Publishing & Media, LLC

Sequoia Publishing & Media, LLC,
a division of Phoenix International Publications, Inc.

8501 West Higgins Road, Chicago, Illinois 60631
34 Seymour Street, London W1H 7JE
Heimhuder Straße 81, 20148 Hamburg

CustomerService@PhoenixInternational.com

www.SequoiaKidsMedia.com

Library of Congress Control Number: 2023935254

ISBN: 979-8-7654-0311-2

QUIERO SABER SOBRE

CONTENIDO

HACE MILLONES DE AÑOS

¿CUÁNDO habitaron la Tierra los dinosaurios?

Los dinosaurios vivieron hace mucho tiempo, ¡mucho antes de que nacieras tú, o incluso tus tatarabuelos! Los dinosaurios poblaron la Tierra hace entre 65 y 225 millones de años. ¡Y existieron durante mucho tiempo! Los científicos dividen la historia de los dinosaurios en periodos. Puedes ver los distintos periodos en la línea del tiempo de abajo.

LÍNEA DEL TIEMPO DE LOS DINOSAURIOS

MDA=Millones de años

Hace 225 MDA	Hace 208 MDA
Periodo Triásico	Periodo Jurásico

¿QUÉ fue de los dinosaurios?

Los dinosaurios reales están extintos. Eso significa que todos murieron y ya no existen. Los dinosaurios eran animales pertenecientes al mismo gran grupo que las aves y los cocodrilos. Nadie sabe con certeza por qué desaparecieron. Hay quien cree que un enorme meteorito se estrelló contra la Tierra y los mató. También se piensa que una enfermedad provocó su extinción.

RESTOS EN LA ROCA

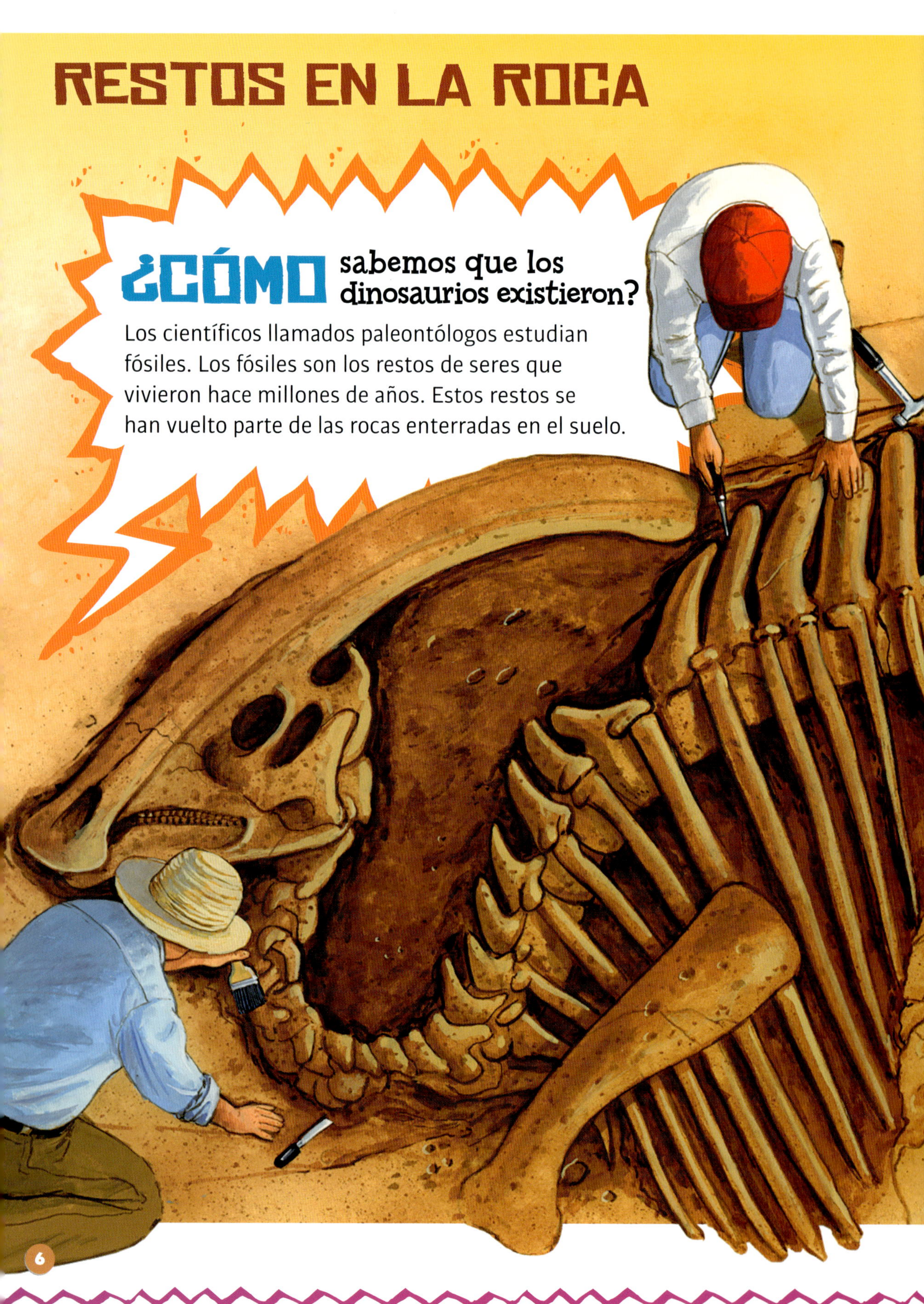

¿CÓMO sabemos que los dinosaurios existieron?

Los científicos llamados paleontólogos estudian fósiles. Los fósiles son los restos de seres que vivieron hace millones de años. Estos restos se han vuelto parte de las rocas enterradas en el suelo.

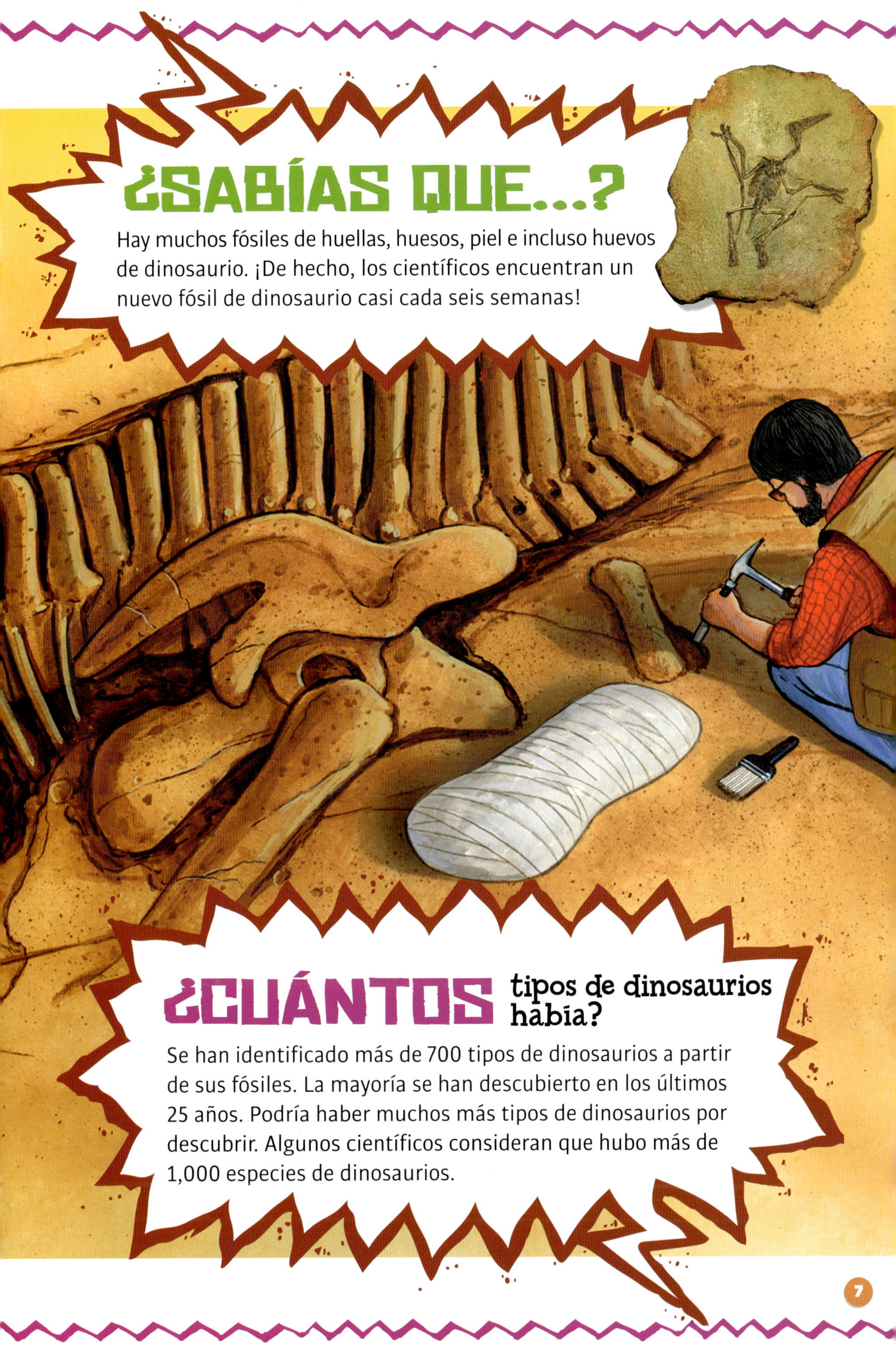

¿SABÍAS QUE...?

Hay muchos fósiles de huellas, huesos, piel e incluso huevos de dinosaurio. ¡De hecho, los científicos encuentran un nuevo fósil de dinosaurio casi cada seis semanas!

¿CUÁNTOS tipos de dinosaurios había?

Se han identificado más de 700 tipos de dinosaurios a partir de sus fósiles. La mayoría se han descubierto en los últimos 25 años. Podría haber muchos más tipos de dinosaurios por descubrir. Algunos científicos consideran que hubo más de 1,000 especies de dinosaurios.

DIETA DE DINOSAURIOS

¿QUÉ son los herbívoros?

Los herbívoros solo comen plantas. La mayoría de los dinosaurios eran herbívoros. Muchos tenían un cuerpo gigantesco con un estómago enorme, y algunos tenían un cuello largo para alcanzar las copas de árboles altos. Los dinosaurios herbívoros se alimentaban de semillas, hojas y ramitas.

¿QUÉ son los carnívoros?

Algunos dinosaurios solo comían carne. A estos se les llama carnívoros. La mayoría de los carnívoros caminaban en dos patas en lugar de cuatro. Corrían muy rápido y eso les permitía atrapar su comida. Los dinosaurios carnívoros comían lagartos, insectos y otros dinosaurios. Algunos carnívoros eran grandes, ¡pero otros eran tan pequeños como gallinas!

¿SABÍAS QUE...?

Unos pocos dinosaurios comían tanto carne como plantas, a estos se les llama omnívoros. ¡Los humanos también son omnívoros!

BRACHIOSAURUS

¿QUÉ altura tenían los *Brachiosaurus*?

El *Brachiosaurus,* como las jirafas, tenía patas delanteras largas y un cuello extremadamente largo para poder arrancar las hojas de los árboles más altos. Su cabeza alcanzaba una altura de 18 metros (60 pies), ¡igual que un edificio de cuatro pisos!

¿SABÍAS QUE...?

Es probable que los *Brachiosaurus* hayan tenido un buen sentido del olfato porque tenían enormes fosas nasales... ¡en lo más alto de su cabeza!

¿ERAN muy grandes los *Brachiosaurus*?

Este dinosaurio cuadrúpedo era un gigante, llegaba a pesar más de 72 toneladas (80 toneladas cortas) y alcanzaba unos sorprendentes 30 metros (100 pies) de largo. ¡Tres de estos dinosaurios en fila tenían la longitud de un campo de fútbol americano!

CUÁNDO VIVIERON:
Hace unos 150 millones de años, en el periodo Jurásico

SE HAN ENCONTRADO FÓSILES EN:
Colorado, Wyoming, Oklahoma, Nuevo México, Europa y Tanzania

DIETA: **Plantas**

STEGOSAURUS

¿QUÉ tenían los *Stegosaurus* en la espalda?

Los *Stegosaurus* tenían dos hileras de placas triangulares de la cola al cuello. ¡Probablemente estas placas ayudaban al dinosaurio a impedir que se lo comieran! Algunas de las placas eran tan pequeñas como platos, ¡pero otras eran tan grandes como una rueda de camión!

¿CUÁNTO media la cola del *Stegosaurus*?
Los *Stegosaurus* tenían una cola tan larga como el cuerpo de un elefante (unos 9 metros o 30 pies). ¡Su cola tenía cuatro púas afiladas y servía como mazo para ahuyentar a los carnívoros!
CUÁNDO VIVIERON:
Hace unos 150 millones de años, en el periodo Jurásico
SE HAN ENCONTRADO FÓSILES EN:
El oeste de Norteamérica
DIETA: Plantas

IGUANODON

¿QUÉ comían los *Iguanodon*?

¡Chomp, chomp, chomp! El *Iguanodon* fue el primer dinosaurio herbívoro del que se hallaron fósiles en la época moderna. Se encontraron en Inglaterra en 1825. Los *Iguanodon* se trasladaban juntos en manadas que pastaban a orillas de pantanos y lagos. Sus fuertes dientes trituraban jugosos helechos y juncos.

¿CUÁNTO pesaba un *Iguanodon*?

Este dinosaurio era corpulento: pesaba más de 5.5 toneladas (6 toneladas cortas). Medía 10 metros (33 pies) de largo, ¡y era más alto que dos humanos adultos, uno encima del otro!

VELOCIRAPTOR

¿DÓNDE vivieron los *Velociraptor*?

Los *Velociraptor* vivían en desiertos. Tenían ojos grandes que quizás usaban para cazar de noche. Los científicos creen que se alimentaban de animales pequeños, lagartos, crías de dinosaurio y huevos.

¿POR QUÉ eran tan buenos cazadores los *Velociraptor*?

Velociraptor significa "ladrón veloz". ¡Este dinosaurio era inteligente y rápido! Tenía garras en las cuatro extremidades; la del segundo dedo de cada pie medía 10 centímetros (4 pulgadas) de largo y era muy afilada. Los *Velociraptor* llegaban a medir 2 metros (6 pies) de largo, lo mismo que un perro grande con una cola muy larga.

TRICERATOPS

¿POR QUÉ los *Triceratops* tenían cuernos y armadura?

Los caballeros de la Edad Media llevaban armadura para protegerse en combate. Los *Triceratops* también tenían un rostro acorazado que los protegía... ¡y tres afilados cuernos! *Triceratops* significa "cabeza de tres cuernos".

¿SABÍAS QUE...?

Los *Triceratops* también tenían una gran gola ósea. Esa gola podría servir para proteger su cuello y sus hombros de los ataques. O quizás servía solo para llamar la atención de una pareja, como las plumas de los pavos reales.

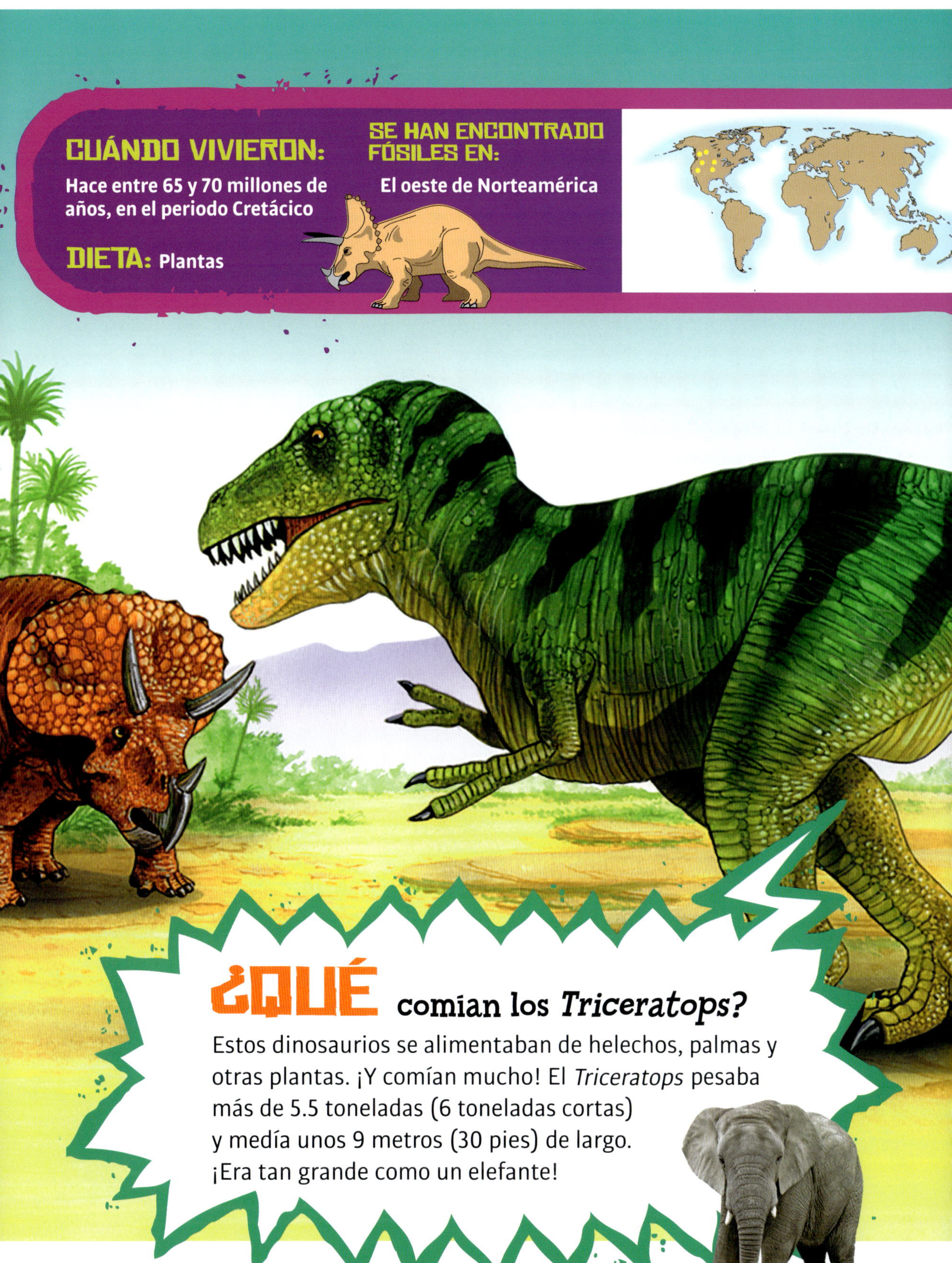

¿QUÉ comían los *Triceratops*?

Estos dinosaurios se alimentaban de helechos, palmas y otras plantas. ¡Y comían mucho! El *Triceratops* pesaba más de 5.5 toneladas (6 toneladas cortas) y medía unos 9 metros (30 pies) de largo. ¡Era tan grande como un elefante!

TYRANNOSAURUS

¿ERAN muy grandes los *Tyrannosaurus*?

El *Tyrannosaurus* fue el dinosaurio carnívoro más feroz. No era el más grande, pero era enorme: ¡superaba las 6.5 toneladas (7 toneladas cortas) y medía más de 12 metros (40 pies) de largo! Era un cazador inteligente y con excelente vista. Sus patas delanteras eran fuertes, pero eran tan cortas que ni siquiera alcanzaban su boca.

CUÁNDO VIVIERON:

Hace entre 67 y 100 millones de años, en el periodo Cretácico

SE HAN ENCONTRADO FÓSILES EN:

Norteamérica y Asia

DIETA: ¡Carne!

¿QUÉ había dentro de la boca de los *Tyrannosaurus*?

La cabeza de estos dinosaurios medía más de 1.5 metros (5 pies) de largo. Su poderosa boca poseía 50 dientes puntiagudos y aserrados. ¡Se han encontrado dientes del tamaño de plátanos!

SINOSAUROPTERYX

¿QUÉ era el *Sinosauropteryx?*

El *Sinosauropteryx* era un dinosaurio similar a las aves, con ojos grandes como los de los búhos y una cabeza estrecha, como la de los faisanes. Medía un poco más de un metro (4 pies) de largo y alcanzaba la altura de la rodilla de un humano adulto. El *Sinosauropteryx* era una criatura pequeña y veloz que tal vez comía insectos, lagartos y plantas a ras de suelo.

CUÁNDO VIVIERON:

Hace unos 135 millones de años, en el periodo Cretácico

SE HAN ENCONTRADO FÓSILES EN:

China

DIETA: Carne y plantas

¿SABÍAS QUE...?

A las aves actuales se les llama “dinosaurios vivientes”. ¡Las aves evolucionaron a partir de dinosaurios pequeños, como el *Sinosauropteryx*, hace millones de años!

¿POR QUÉ desaparecieron los dinosaurios?

Muchos científicos piensan que un enorme meteorito se estrelló contra la Tierra y mató a todos los dinosaurios. ¡Pero nadie sabe a ciencia cierta qué pasó! Quizás los dinosaurios se extinguieron a causa de una enfermedad. Tal vez cambió el clima. ¿Tú qué crees que sucedió?